27

Ln 10706.

ABRÉGÉ

DE LA VIE

DU SERVITEUR DE DIEU

BENOIT J. LABRE,

Ecrite par J. B. ALEGIANI, Avocat en la cause de sa Béatification.

DEDIÉ A SON EMINENCE

M᷑. LE CARDINAL JEAN ARCHINTO, Préfet de la Congrégation des Rits, & Rapporteur de la cause.

A ROME,

De l'Imprimerie de Michel-Ange BARBIELLINI.

M. DCC. LXXXIV.

Avec Permission des Superieurs, & Privilége du Pape.

BENOIT JOSEPH LABRE.

Né en France le 26 Mars 1748.

Mort à Rome en odeur de Sainteté le 16 Avril 1783

À Paris chez Pasquier rüe St. Jacques.

AVERTISSEMENT.

ON ne sait ce qui doit le plus nous étonner, de la bonté de Dieu, ou de la méchanceté des hommes. Après tant d'iniquités, un si long abus de la lumiere, tant d'outrages faits à sa gloire, & l'impénitence qui y a mis le comble, il auroit dû, ce semble, nous abandonner pour toujours à notre dépravation & à nos ténebres. Il l'eût fait sans doute, s'il n'eût consulté que notre indignité & sa justice. Mais il a fermé les yeux sur nos péchés, pour ne se souvenir que de ses promesses. Il voit son Eglise dans l'humiliation & la détresse, attaquée au dehors par des sectes ennemies, affligée au dedans par les vices & la licence de ses enfans, outragée en mille manieres par une foule d'apostats & d'impies. Au milieu de cet obscurcissement

& de ces ſcandales, il ſort de ſon ſecret, il étend ſon bras, & fait entendre ſa voix pour conſoler ſon Egliſe, pour confondre ſes ennemis, pour réveiller la foi & ranimer la piété de ſes enfans.

L’inſenſé diſoit jadis au fond de ſon cœur, *il n’y a point de Dieu:* mais devenu plus hardi, il le dit hautement & ſans crainte, parce qu’il a beaucoup de complices; ou ſi par un reſte de pudeur, il en conſerve le nom, il le bannit de l’univers, il le dépouille de ſa juſtice, il attaque inſolemment ſa providence; il abandonne toutes choſes au haſard, aux paſſions ou au caprice des hommes. Mais tandis qu’il s’applaudit dans ſon délire & ſes blaſphêmes, Dieu ſe ſert de ce qu’il y a de plus vil & de plus foible pour lui fermer la bouche & confondre ſon arrogance. Du tombeau d’un homme obſcur & abject, il fait ſortir ſubitement une voix ſainte &

terrible qui confole l'Eglife & étonne toute la nature; & par ce moyen fi fupérieur à la fageffe humaine, il prouve, d'une maniere éclatante, qu'il y a dans le ciel un fouverain modérateur qui gouverne la terre, qui n'eft ni diftrait, ni indifférent fur les actions des hommes; que la vertu n'eft pas un vain nom, quoiqu'elle foit ici bas ignorée ou malheureufe; que le vice non plus ne fauroit échapper ni à fes regards ni à fa juftice, quoiqu'il foit en ce monde impuni ou même triomphant.

Quelle confolation pour un vrai fidele, d'avoir fous fes yeux des preuves fi frappantes, que J. C. eft toujours au milieu de fon Eglife, qu'il veille fans ceffe fur elle; qu'il la foutient non feulement par l'opération invifible de fon efprit, mais par des effets fi fenfibles de fa bonté & de fa puiffance! Qui eft-ce qui au milieu de ces voix tumultueufes & impies qui crient fans ceffe que la religion n'eſt qu'une invention de la politique & l'ouvrage des hommes, n'a pas ſenti quelquefois ſes pieds chanceler, & ſon eſprit ſe couvrir de nuages ? Ce torrent de livres impurs que l'enfer forge contre elle, ces diſcours audacieux, ces ſophiſmes impies qui viennent ſi ſouvent frapper nos oreilles & affliger notre foi, ne ſont que trop propres à faire naître des doutes importuns qui troublent la paix du cœur, lors même qu'ils ne peuvent le corrompre. Quelle bonté de Dieu de nous mettre lui-même en main une arme puiſſante & invincible, pour défendre le tréſor de notre foi, contre tant d'ennemis qui nous environnent! Les miracles ſont un bouclier contre lequel viennent ſe briſer les traits enflammés de Satan, les ſophiſmes & les blaſphêmes de ſes coopérateurs. Il ſe fait des miracles au nom & par la vertu de J. C. dans le ſein de ſon Egliſe, à l'invocation & sur le tombeau d'un de ses serviteurs, dont toute la vie a été un fidele accompliſſement des loix de l'Evangile : donc il y a un Dieu qui gouverne l'univers, qui diſpoſe en maître abſolu de tous les événemens, qui renverſe ou ſuſpend à ſon gré les loix de la nature ; donc J. C. eſt le même Dieu que ſon Pere, il exerce avec lui une ſouveraine puiſſance ; donc l'Egliſe, où ſa grace m'a fait naître, eſt le temple où l'on rend à Dieu le culte véritable, & l'arche myſtérieuſe où l'on ſe ſauve du naufrage ; donc l'Evangile eſt certain, & je ne puis douter, ni de la grandeur de ſes promeſſes, ni de la vérité de ſes menaces ; donc cette philoſophie turbulente, qui s'efforce de me ravir ma foi ou de la deshonorer, n'eſt digne que de mépris & d'horreur : ainſi raiſonne le ſimple, & rien n'eſt ni plus clair, ni plus invincible.

Arrêtons donc nos regards & nos

penſées ſur les miracles que Dieu opére de nos jours. Ils ſont dignes de toutes nos réflexions, diſoit l'illuſtre Evêque de Montpellier, comme ils méritent toute notre reconnoiſſance. Conſidérons ces merveilles dans leur cauſe, dans leurs circonſtances, dans leurs effets, pour pénétrer, autant qu'il eſt en nous, le deſſein de celui qui les opére, & remplir avec une exacte fidélité les devoirs qu'ils nous impoſent. Tâchons de recueillir juſqu'aux miétes qui tombent de la table de notre Dieu. Quelle plus noble occupation que de ſuivre le Seigneur dans ſes œuvres miraculeuſes, de prêter l'oreille quand il ſort de la nuée myſtérieuſe qui le couvre, pour nous inſtruire de ſes volontés, & nous faire entendre ſes oracles !

Soyons en garde contre une inſenſibilité trop commune aux hommes chez qui les bienfaits

généraux ne font fouvent que des ingrats. L'a-
mour-propre s'unit à la religion pour rendre
fenfible aux faveurs perfonnelles. Mais on prend
peu de part aux biens de l'Eglife, dès qu'on n'a
pas été le feul à en recueillir le fruit. Une foi
éclairée a bien d'autres fentimens. Elle fe dit
à elle-même, l'Eglife eft un feul Corps, &
dans ce Corps tous les biens font communs, &
tous les intérêts folidaires. Les miracles que
Dieu opére à Rome ou ailleurs font pour moi,
comme fi j'étois feul au monde : ils n'ont rendu
la fanté qu'à un petit nombre de mes freres ;
mais ils procurent à toute l'Eglife des biens plus
précieux, & ces biens m'appartiennent ; ils
confirment la foi qui eft mon tréfor ; ils fou-
tiennent la religion qui eft la plus chere de
mes propriétés ; ils ferment la bouche aux impies qui font mes ennemis : j'en dois donc à Dieu
la même reconnoiffance que fi je les avois
reçus en ma perfonne.

La vie que nous publions, fait naître naturellement une autre réflexion bien importante.
Une fauffe fageffe fort commune aujourd'hui,
même dans ceux qui n'ont pas abjuré la foi,
regarde avec mépris une vie confacrée fans ré-
ferve à la priere & à la contemplation des
vérités éternelles. Un pauvre couvert de haillons, éloigné de fa famille, étranger à toutes
les fonctions de la vie civile, ne fubfiftant que
par la libéralité des fidéles, n'ayant ni établif-
fement, ni prétention, ni efpérance dans le
fiécle préfent, paffant toute fa vie dans les
Temples, eft aux yeux des fages du monde,
un poids inutile à la terre, un être abjet que
la fociété doit profcrire, & auquel la religion
elle-même ne prend aucun intérêt. Mais les

penſées de Dieu ne ſont pas celles des hommes. Du haut du Ciel il canoniſe par de nombreux & éclatans miracles, ce qui déplaît à ces eſprits téméraires. En effet, eſt-on inutile à l'Egliſe quand on lui donne des exemples ſoutenus des vertus les plus éminentes ? Eſt-on inutile à l'Etat, quand jour & nuit on leve des mains pures au Ciel, pour détourner les fléaux que méritent les crimes des hommes ? Le Dieu que nous adorons, eſt le modérateur de l'univers, l'arbitre ſuprême des Empires : il eſt le Dieu des armées & de la victoire, le Dieu de la prudence & du courage, le Dieu de la ſtérilité & de l'abondance, le Dieu de la proſpérité & des revers, le Dieu de la vie & de la mort. C'eſt de ſa main toute-puiſſante que partent les événemens fâcheux ou favorables, qui font la deſtinée des provinces & des royaumes, comme celle des particuliers : les empires & ceux qui les gouvernent ; les ſociétés temporelles & ceux qui les compoſent, ont donc bien plus d'intérêt qu'on ne penſe, à avoir auprès de ce grand Dieu qui diſpoſe de tout, des protecteurs & des amis, qui par la ſainteté de leur vie, par la ferveur de leur prieres, par leurs gémiſſemens & leur pénitence, puiſſent fléchir ſa colere ſi ſouvent provoquée par les péchés des Rois & des peuples, & la convertir en miſéricorde : & l'on ne peut imaginer un préjugé plus injurieux à la Providence, une erreur plus contraire, je ne dis pas ſeulement à la religion, mais à une ſaine politique, que celle qui fait rejetter avec mépris comme inutiles à la patrie, des hommes qui prient ſans ceſſe pour elle, & qui payent avec tant d'uſure le peu de biens qu'ils en reçoivent.

EPITRE
DÉDICATOIRE.

LE public témoigne un si grand empressement d'être instruit de la Vie & des actions du Serviteur de Dieu Benoît-Joseph Labre, que ne la voyant point publiée jusqu'aujourd'hui, on s'est procuré de toutes parts le mémoire en forme d'éloge, qui n'a été dressé que pour être placé dans sa biere. Dès le mois de Juillet dernier, l'Imprimeur Cracas en avoit distribué 7 à 8000, & actuellement le nombre en monte jusqu'à 16000 environ. Aujourd'hui que l'on en publie la Vie, j'ai cru faire plaisir au public d'en répandre en même temps l'abrégé, pour la commodité de ceux qui ne pourront s'en procurer les détails. Le Lecteur trouvera donc ici, dans une simple esquisse & en peu de pages, les

4

actions saintes du B. Labre, certi-
fiées par les relations qu'on en a
reçu, & spécialement par deux in-
formations des Evêques de Boulogne & de Lorette, employées dans
le procès de Béatification.

Je n'ai pas eu à héfiter, Mon-
feigneur, fur le choix de celui à
qui je devois faire hommage de ce
foible travail, dès que j'ai vu que
votre Eminence avoit été choifie
par notre Saint Pere le Pape
Pie VI, pour Rapporteur de la caufe
du ferviteur de Dieu. Je devrois à
cette occafion me répandre, felon la
coutume, en éloges des grandes
qualités & prérogatives de votre Eminence ; mais retenu par la loi que
m'impofe votre modeftie & le peu
d'importance du travail que je vous
offre, je me borne à vous fupplier
avec refpect de lui donner tout le
mérite qu'il ne peut recevoir de l'auteur, mais qu'il recevra de votre nom.

ABRÉGÉ
DE LA VIE
DU SERVITEUR DE DIEU
BENOIT-JOSEPH LABRE.

L'HISTOIRE de la Vie du Serviteur de Dieu Benoît-Joseph Labre nous montre, d'une maniere bien frappante, combien est véritable cette parole que Jesus-Christ répéte si souvent dans l'Evangile, que *celui qui s'humilie sera exalté* (1).

Car on y voit, non sans un étonnement & une surprise extraordinaires, cet homme passer tout-d'un-coup & inopinément à deux extrêmités, qui d'abord semblent diamétralement opposées. De l'horreur il a passé à l'estime, du mépris au respect, de la moquerie à l'hon-

____

(1) Matth. c. 18. 4. c. 23. 12. Luc, c. 2-5. c. 14. 1. c. 18. 14.

A iij

neur, de la mendicité aux richeſſes, de la baſſeſſe à la gloire. Et qui auroit jamais pu ſe figurer que ce pauvre couvert de haillons, qui le matin du 16 Avril fut atteint d'une défaillance mortelle ſur les marches de l'Egliſe Notre-Dame des Monts, négligé, délaiſſé de tout le monde, & mourut le ſoir du même jour ; qui auroit, dis-je, pu ſe figurer que le cadavre d'un tel homme, tranſporté le lendemain 17 dans la même Egliſe, ſeroit environné d'un peuple immenſe, de tout rang, de tous les ordres, de toutes les ſociétés, qui viendroient en foule pour l'honorer, lui rendre leurs reſpects & leurs hommages, & qu'une garde nombreuſe de ſoldats ſeroit impuiſſante pour arrêter les mouvemens précipités & dangereux de leur pieuſe impatience ?

Nous devons donc nous écrier : c'eſt ici une révolution opérée par la droite du Très-Haut : *Hæc mutatio dexteræ excelſi* (1).

En effet, plus Benoît, durant le cours de ſa vie, a fait d'efforts pour cacher le tréſor de ſes mérites & dérober ſes

____

(1) Pſeaume 76. 10.

vertus aux yeux du monde ; plus il s'eft abaiffé, avili, & comme réduit au néant ; plus Dieu a pris plaifir à l'exalter, à l'agrandir, à le glorifier. Oui le Seigneur a daigné encore de nos jours répéter & graver dans le cœur des fideles, cette grande & importante leçon, que plus la Providence divine fe montre attentive à humilier les orgueilleux, plus auffi elle fe plaît à rehauffer les humbles (1). On va voir avec évidence combien cela eft véritable dans la relation fuccinte, & le tableau raccourci que j'offre aujourd'hui à la piété des fidéles.

Ce Serviteur de Dieu naquit le 26 Mars 1748, fur la paroiffe Saint-Sulpice d'Amette, au diocefe de Boulogne, dans la province d'Artois. Son pere s'appelloit Jean-Baptifte Labre, & fa mere Anne-Barbe Granzir. C'étoient des perfonnes honnêtement pourvues des biens de la fortune ; mais ce qui vaut infiniment mieux, le Seigneur les avoit doués l'un & l'autre d'une probité peu commune & des principales vertus du Chrif-

______

(1) Dans le Cantique Magnificat, *il a arraché les Grands de leurs trônes, & il a élevé les petits.* S. Aug. Sermon 2, fur l'Afcenfion. Il regarde de près ce qui eft bas & humble, pour l'élever ; & il connoît de loin ce qui eft haut ou orgueilleux, pour le rabaiffer.

A iv

tianifme. Ils defirerent que leur fils fût baptifé fous le nom de Benoît-Jofeph. C'étoit le premier fruit de leur mariage, & l'aîné de quinze enfans, dont neuf vivent encore. Leur plus grande fôllicitude fut de le nourrir, dès fes plus tendres années, du lait falutaire de la crainte de Dieu, & de lui infpirer les fentimens les plus purs de la religion. Dès l'âge de cinq ans ils l'envoyerent à l'école d'un excellent prêtre, qui étoit alors vicaire d'Amette, & qui, en lui apprenant à connoître les lettres, fut encore plus attentif à lui enfeigner les premiers principes de la foi. Et comme il avoit reçu du Ciel un excellent caractere, des talens peu communs, avec un efprit jufte & porté à la piété, la bénédiction du Seigneur fe manifefta dès-lors fur une fi fainte éducation. Jofeph fit connoître dans cet âge tendre & avancé, à quel haut degré de vertu il devoit parvenir dans la fuite.

Etranger, comme Tobie, à tout ce qui tient à l'enfance, le jeune Benoît avoit conftruit un petit autel dans fa chambre, où il fe plaifoit à être feul, pour y paffer en priere le temps qu'il lui reftoit au fortir de l'école, & pour y chanter les Pfeaumes &

les Hymnes qu'il avoit entendu chanter dans l'Eglise. On voyoit déja briller en lui, une modestie, une réserve & une prudence supérieure à son âge, ne faisant jamais la moindre chose qui eût un air d'indécence ou de légéreté. Prompt à obéir, il exécutoit sans murmure, & avec joie tous les ordres qu'on lui donnoit. Au lieu de cette pétulance qu'on trouve d'ordinaire chez les enfans, il étoit d'un naturel paisible & tranquille, & sa conduite à l'égard de ses freres & sœurs étoit si bien réglée, qu'il n'occasionna jamais parmi eux, ni plaintes, ni bruit. Il s'exerçoit à servir la Messe avec une ferveur & une piété singulieres. Il souffroit avec une patience invincible, non-seulement les défauts & les imperfections d'autrui ; mais encore les paroles piquantes, les reproches peu raisonnables de certaines personnes ; montrant dans tous les événemens de la vie, un visage toujours serein, & la plus grande égalité d'ame. Il aimoit à s'entretenir avec les personnes âgées & sérieuses ; & quand il sut lire, ses plus grandes délices étoient de lire des livres de dévotion : par où il est aisé de comprendre qu'il devint singulierement cher, non-seulement à ses parens & aux maîtres qui lui enseignoient à lire, à écrire & l'Arithmétique ; mais encore à toutes les personnes qui le connoissoient.

Lorsqu'il eut atteint l'âge d'environ douze ans, on l'envoya demeurer auprès d'un de ses oncles paternels, Curé d'Erin, pour y apprendre les élémens de la langue latine. Il se livra très-férieusement à cette étude ; mais encore plus aux exercices de dévotion & de piété, à la lecture des livres spirituels ; tâchant de mériter qu'on le reçût un jour à la Trappe, ce qui étoit le grand objet de ses desirs. Et pour s'accoutumer de bonne heure à la vie silentieuse & retirée de ce célébre Monaftere, il étoit continuellement enfermé dans un cabinet peu diftant de la maison Curiale. Il eut aussi toujours un foin extrême de conferver fans tache le tréfor de la pureté, évitant avec attention tout ce qui auroit pu y porter la moindre atteinte.

C'eft ce qui l'engagea, dès ce temps de l'adolefcence, à obferver à la rigueur tous les jeûnes commandés par l'Eglife, & à fréquenter les Sacremens avec les plus grandes marques de ferveur.

On voyoit aussi dès-lors briller dans ce

jeune homme la tendre charité qu'il a toujours pratiquée envers les pauvres ; de sorte qu'il leur donnoit le pain destiné à sa propre subsistance , le leur faisant passer quelquefois par la fenêtre , quand il craignoit d'être vu autrement. La Paroisse d'Erin étant affligée d'une espece d'épidémie , il se portoit de tous côtés avec son oncle , pour assister de tout leur pouvoir les pauvres malades. Il alloit dans les prés & dans les champs, chercher de l'herbe pour nourrir les bestiaux de ce pauvre peuple, que la maladie mettoit dans l'impuissance de suffire à ce travail. De plus, le jeune Labre étoit si éloigné du péché de gourmandise, & d'une conscience si délicate, que son oncle ayant dans son jardin des fruits précoces & d'un goût délicieux, il n'en toucha jamais aucun, même de ceux qui étoient tombés à terre, quoiqu'il eût une entiere liberté d'en prendre. Son unique but étoit de pouvoir embrasser un état des plus austeres : c'est ce qu'il demandoit continuellement au Seigneur ; & à l'âge de seize ans , il alla voir son pere & sa mere , pour les prier de permettre qu'il abandonnât le monde, & qu'il se retirât à la Trappe , afin d'y pratiquer une rigoureuse pénitence, méprisant le bien temporel qui pouvoit lui revenir de sa famille. Il y alla en effet deux fois, dans le dessein de s'y consacrer à Dieu ; mais on le trouva trop jeune toutes les deux fois pour ce genre de vie.

Environ six ans & demi après son dernier voyage à la Trappe, Benoît perdit son oncle. Alors il retourna chez ses parens, continuant à courir à grands pas dans la carriere où il étoit entré. Sa mere l'ayant trouvé plusieurs fois le matin couché sur une planche, où il avoit passé la nuit, lui demandoit toujours pourquoi il ne se mettoit point au lit, comme les autres. C'est, disoit Benoît, que Dieu m'ayant appellé à une vie austere & pénitente, je veux m'y disposer dès à présent, & seconder les desseins de sa providence sur moi.

Benoît-Joseph demeura aussi quelque temps à Contéville, avec un de ses oncles, nommé M. Vincent, qui y étoit Vicaire, & qui est aujourd'hui Curé des Pesses. C'est un Prêtre plein de piété, qui, par l'austérité de sa vie, sa compassion & ses abondantes charités envers les pauvres, s'est attiré l'estime de tout le pays, selon le témoignage de M. l'Evêque de Boulogne. Joseph étant donc dans la maison de cet oncle, pour y continuer, un peu malgré lui, l'étude de la langue latine, se conduisit en vrai Chrétien, édifiant tout le monde par ses vertus, sur-tout par son admirable patience. Parmi les jeunes gens qui étudioient aussi dans cette école, il y en avoit un qui se faisoit remarquer par son extrême impertinence & sa méchanceté. Ayant vu que Benoît étoit d'un naturel tranquille, pacifique & endurant, il ne cessoit de le tourmenter & de le vexer. Mais Benoît supportoit ses insolences avec la plus grande paix & la plus grande tranquillité, sans se défendre, ni par ses actions, ni par ses paroles. Il avoit même la patience en hyver de souffrir le froid le plus aigu, pour ne pas déplaire à ce brutal camarade; & il n'en fit jamais la moindre plainte à son oncle.

Le jeune Labre n'entroit dans les Temples, & n'assistoit aux divins Mysteres qu'avec la plus grande modestie, & un maintien qui annonçoit la vénération & le plus profond respect. Les Missionnaires du Diocèse de Boulogne étant allés à Conteville pour y faire la Mission, il ne les quitta point durant tout le temps qu’ils employerent à prêcher dans le voi-sinage, les suivant & les accompagnant par-tout. Son oncle dit qu’il étoit sans cesse occupé de la lecture de livres de piété, & tellement détaché des choses de ce monde, qu’il n’ouvroit jamais la bouche pour demander ce qui lui étoit nécessaire ; ensorte qu’il étoit obligé de voir lui-même ce qui pouvoit lui man-quer, pour le lui fournir.

De retour ensuite dans sa maison pa-ternelle, il ne cessoit d’importuner ses parens, sur-tout sa mere, afin qu’on lui permît de quitter le monde. Comme elle lui refusoit cette permission, lui étant trop sensible de se séparer d’un fils que ses bonnes qualités lui rendoient si cher, elle lui dit un jour : mais si tu nous quittes, comment pourras-tu pourvoir à ta subsis-tance & à ton entretien ? Laissez-moi aller seulement, répondit le jeune homme ; je vivrai de racines, comme les anciens Anachoretes. Avec la grace de Dieu, nous pouvons aussi nous autres vivre comme eux. Il obtint enfin cette permis-sion, après des instances réitérées. Alors voyant qu’il n’avoit pu entrer à la Trappe, pour les raisons que nous avons dites, il tourna ses pensées d’un autre côté, & se détermina pour l'ordre de S. Bruno. Il alla donc se préfenter aux Chartreux de Louguenes, & enfuite à ceux de Montreuil ; on lui dit qu'on ne pouvoit l'admettre qu'il n'eût fait fa logique & appris le plein-chant. Pour remplir ces préalables, il fe rendit auprès du Vicaire de Ligny, & y étudia le chant & la logique pendant environ trois mois. Enfuite il retourna par deux fois chez les mêmes Chartreux, où il paffa auffi trois mois. Enfin, n'ayant pas été trouvé propre à cet Inftitut, il en fortit le 2 Octobre 1769, Dieu l'appellant à une vie plus auftere.

Il inftruifit fon pere & fa mere de ces contre-temps, par une lettre datée de Montreuil le même jour 2 Octobre 1769, dans laquelle on voit quels étoient les fentimens de ce fils refpectueux, obéiffant, & rempli de zele pour le falut de fa famille. Il ne peut affez les exhorter à veiller fur fes freres & fœurs, à leur infpirer par leurs difcours & leurs exemples, l'amour & la crainte de Dieu, fpécialement à l'un d'eux qui étoit fon filleul. On voit auffi dans la même lettre, comment la divine Providence le conduifoit dans la route par laquelle il eft arrivé au terme glorieux où nous l'avons vu.

Etant donc forti de la Chartreufe de Montreuil , il dirigea fes pas vers la Trappe , & n'ayant pu réuffir encore cette fois à s'y faire admettre , pour les raifons que nous avons alléguées plus haut , il prit le chemin de Septfonts. Les Religieux qui habitent cette Abbaye de l'Ordre de Cîteaux , & qui paffent pour obferver la Regle la plus auftére , le reçurent dans leur Noviciat , fous le nom d'Urbain , le 28 Octobre de la même année 1769.

Lorfqu'il fut dans ce faint Monaftere, il crut enfin être parvenu au comble de fes defirs , & pouvoir fe livrer aux auftérités qu'on y pratique. Mais à fon grand regret , il éprouva tout le contraire. Car le Seigneur , qui avoit deffein de le purifier de plus en plus , & de lui fournir les moyens de s'enrichir de plus de mérites , le mit à une rude épreuve. Il permit qu'il s'élevât dans fon ame une horrible tempête , ou une aridité & une certaine défolation d'efprit , qui le tourmentoit fans ceffe , en lui perfuadant que Dieu n'avoit nullement agréable , & ne lui tenoit aucun compte de tous fes foupirs , & de tout ce qu'il pouvoit faire pour attirer fur lui les regards de fa miféricorde. C'eſt ce qui arrive fréquemment aux ames que Dieu deſtine à la plus ſublime contemplation, & ce que les Auteurs Myſtiques appellent *la purgation paſſive de l'eſprit, & la nuit obſcure.*

Cependant le nouveau Soldat de Jeſus-Chriſt ſupportoit avec une patience invincible, cette pénible & douloureuſe ſituation, ſans s'effrayer & ſans rien perdre de ſa conſtance à pratiquer toutes les obſervances de l'Ordre qu'il avoit adopté pour y finir ſes jours. Mais à la fin, tourmenté ſans ceſſe par cette angoiſſe intérieure, qu'augmentoit encore la profonde ſolitude & le ſilence perpétuel qui s'obſerve dans cette maiſon, ſa perſévérance ſuccomba, & de l'avis des Supérieurs, il fut contraint, au bout de huit mois, d'abandonner malgré lui ce Monaſtere. On jugea que ſon tempérament & ſa complexion ne s'accommodoient point d'un régime auſſi rigoureux, quoiqu'il eût donné d'ailleurs les preuves les plus manifeſtes de ſa grande piété, d'obéiſſance & d'autres vertus, comme on peut le voir dans le Regiſtre de la Communauté. Il ſortit de Septfonts le 31 Août 1770, & fit part de ſon chagrin à ſes parens, par une lettre des plus édi-

fiantes , & très-propre à donner une
grande idée de la vie fainte & parfaite
qu'il devoit mener dans la fuite.

Benoît forti du cloître à fon grand
regret, voulant s'affurer davantage de la
volonté de Dieu , fe rendit auffi-tôt auprès du Supérieur d'un Séminaire, qui étoit
dans l'ufage de s'employer auffi aux Mif-
fions, dont il avoit une grande eftime ,
& à qui il avoit fait précédemment
fa confeffion générale. Celui-ci l'exami-
na foigneufement : il comprit clairement les grandes difpofitions & l'ardeur du zele de Benoît , qui, par fon
confeil, renonça tout-à-fait au deffein
de retourner à cette fainte retraite. Il s'af-
fermit cependant dans la réfolution d'a-
bandonner entiérement fa patrie & fes
parens; & fe contentant de les recom-
mander à Dieu dans fes prieres, il ne
retourna plus à fa maifon. Entiérement
dégagé des liens du fang , il fe confacra
alors par le mouvement de l'efprit de Dieu
à un nouveau genre de vie ; ce fut de fe
livrer à des pélerinages pour vifiter dans
les pays étrangers les tombeaux des Saints
les plus célebres.

Avant de rapporter les divers voyages de ce pieux Pélerin , il ne fera pas

hors de propos de faire ici une digref-
fions fur le mérite de ces faints Pélerinages pratiqués par une infinité de
Saints & de perfonnages illuftres. Sainte
Brigite, Sainte Helene , mere du grand
Conftantin, fainte Elifabeth , Reine de
Portugal , fainte Catherine de Sienne,
faint Adalbert , faint Roch , faint Ale-
xis , faint Ignace de Loyola , faint
Charles Borromée , le B. Amedée ,
duc de Savoie , & autres , les ont
cru très - avantageux au falut. Ils ont
été en ufage , non-feulement chez les
Juifs ; mais encore dans l'Eglife ,
fur - tout dans ces derniers fiecles :
& l'on ne doit point écouter tout
ce que difent les hérétiques pour les
déprimer ; car ils font en poffeffion
de cenfurer tout ce qu'il y a de plus
pieux dans la Religion. L'illuftre Auteur
du livre de l'Imitation de Jefus-Chrift
dit, à la vérité, que qui fe livre à une
vie de pélerinages rarement fe fanctifie.
Et véritablement à confidérer fous un
certain point de vue la vie des Pélerins , on la trouve fujette à mille
rifques & à mille dangers pour l'ame,
par la variété des perfonnes avec qui
l'on traite, & des lieux où l'on paffe

& où l'on s'arrête. Pour le moins on expofe fon efprit aux diftractions, à la diffipation, à la curiofité & à la recherche des nouveautés ; toutes chofes qui mettent obftacle à la ferveur ou qui l'affoibliffent.

Mais fi l'on confidere les pélerinages fous un autre point de vue, on ne peut nier que s'ils fe font, non par les femmes, pour qui ils font ordinairement dangereux, mais par des hommes qui foient maîtres d'eux-mêmes, qui n'aient point d'obligation d'affifter leur famille ; fi ces pélerinages ne fe font pas par un efprit d'indépendance ennemi de tout affujettiffement, qu'on y porte des fentimens de modeftie, de religion, de dévotion aux tombeaux des Saints, on ne peut nier que la vie de Pélerin ne puiffe être un état de perfection, comme portant avec lui un détachement total de toutes les commodités que chacun peut avoir dans le lieu de fon féjour. Celui qui paffe fa vie dans de continuels pélerinages ne prend d'attache, ni d'inclination à aucune chofe fur terre, & peut facilement mettre en pratique l'avis que faint Pierre donne en fa premiere Epître : *Je vous exhorte, mes bien-aimés, de vous abf-*

tenir, comme étrangers & voyageurs, des desirs charnels qui combattent contre l'ame.

Chacun sait, par sa propre expérience, combien le long séjour dans un même lieu, est capable de faire concevoir facilement trop d'affections & d'attaches particulieres. C'est pour cette raison que la plupart des regles monastiques conseillent de faire quelquefois changer de maison les Religieux, afin que, morts au monde, ils demeurent dépouillés de toute affection aux choses de la terre.

La vraie & parfaite pauvreté d'esprit est si délicate & si jalouse, qu'elle exclut tout principe d'attache, & le nom même de propriété jusques dans les plus petites choses.

Qui ne sait que c'est une maxime évangélique, que plus l'esprit se détache de la terre, plus il s'éleve vers le Ciel ? On peut ajouter à cette considération que les lieux même des tombeaux des Saints, terme des pélérinages où l'on ne va que rarement, inspirent naturellement à chacun un certain sentiment de vénération qui excite davantage la confiance d'obtenir les graces qu'on demande, à la vue de celles que Dieu y répand à pleines mains ? Si les pélerinages conſidérés en eux-mêmes peuvent ſervir ainſi à la perfection & à la ſainteté, que ne peut-on pas dire de celui de notre pieux Pélerin, qui, mépriſant ſa patrie, ſa ſanté, les commodités de ſa maiſon, s'engage dans ce genre de vie, ſeul, ſolitaire, inconnu, à pied, mendiant, ſans aucune commodité ni proviſion, avec la ſeule compagnie de ſes vertus, expoſé à l'intempérie des ſaiſons, aux injures de l'air, à l'ardeur du ſoleil, à la pluie, aux rigueurs du froid, & à mille autres incommodités & périls inſéparables de ces ſortes de voyages ?

Tels furent en effet l'équipage, & la ſociété du Pélerin Labre dans ſes longues & pénibles courſes. Il faut y joindre encore, la modeſtie, la gravité, le mépris de lui-même, l'humilité, la priere continuelle, qui le tenoit tout abſorbé en Dieu.

Car il avoit tellement peur de perdre de vue la ſainte préſence du Seigneur, qu'un jour l'Abbé Mancini, Adminiſtrateur d'un hoſpice de Rome, appellé l'Hoſpice évangélique, lequel alloit en pélerinage à Lorette, l'ayant rencontré fur fon chemin , qui y alloit auffi , & l'ayant voulu avoir pour compagnon , parce qu'il le regardoit comme un pauvre honnête & homme de bien , Labre le´ pria poliment de vouloir l'en difpenfer , alléguant pour raifon que la compagnie l'empêchoit de prier. Tant de vertus lui attachoient non-feulement les cœurs , & lui attiroient la vénération de quantité d'habitans des lieux où il s'arrêtoit quelquefois , pour laiffer un peu calmer , pour ainfi dire , le grand feu dont fon ame s'étoit embrâfée dans le vénérable Sanctuaire de Lorette ; mais ce qui eft encore plus remarquable, fa vue feule lui concilioit l'eftime & le refpect de ceux de cette ville & des autres endroits par où il paffoit , y laiffant une grande opinion de fainteté , & des regrets finceres de le voir partir. C'eft ce qu'ont affuré les habitans d'un grand nombre de villes & villages ; & notamment ceux de Fabbriano , du port de Fermo , de Monte-Lupone , peu diftant de Lorette , & plufieurs autres.

Le Pélerin Benoît-Jofeph fit fon premier voyage à Lorette en 1770. Il y arriva vers le commencement de Novembre , avec l'extérieur & le maintien dont

on vient de parler , & visita cette illustre Chapelle avec la ferveur & les marques
de piété que nous décrirons ci-après.
Delà , il se rendit à Assise , pour y prier
sur le tombeau du Séraphique saint François , & se faire aggréger à la Con-
frérie du cordon de ce Serviteur de Dieu.
Ensuite il continua son voyage vers Rôme , pour y invoquer le Très-Haut dans
l'Eglise des Saints Apôtres , & autres de
cette Capitale.

A peine eut-il satisfait les fervens desirs de sa piété dans les Eglises de Rôme,
qu'il partit de nouveau pour Lorette , en
1771. Et comme il passa par Fabbriano,
dans le dessein de visiter les Réliques
de S. Romuald , Instituteur des Camal-
dules , Religieux très-célébre par ses
éclatantes vertus , sur-tout par l'austérité de sa pénitence , il restoit les
journées entieres dans l'Eglise de saint
Jacques de cette ville , avec une telle modestie , & une si grande ferveur qu'on
ne le voyoit point sans en être étonné.
Il vouloit même y continuer ses prieres
durant toute la nuit ; mais on jugea qu'il
étoit plus convenable de le retirer dans
l'hôpital. On lui avoit préparé un lit
dont il ne fit jamais d'usage , pour ne

la

point donner de repos à son corps, qu'il avoit coutume d'appeller par mépris son cadavre. Ce fut aussi au Curé de cette ville, nommé M. Paggetti, qu'il fit la confession générale des fautes qu'il pouvoit avoir commises depuis qu'il étoit en âge de raison ; & par la narration de quantité de faits & de discours mémorables & édifians, il découvrit combien il étoit rempli du véritable esprit de pauvreté, d'une fervente dévotion envers l'adorable Personne de Notre Seigneur Jesus-Christ, & d'une charité tendre & ardente pour les âmes détenues en purgatoire. Il manifesta de plus un amour singulier pour le prochain, tant au spirituel qu'au temporel, & grand nombre d'autres vertus, que nous passons sous silence, dans ce moment, pour en faire mention plus bas.

Pendant l'année 1771, il fit un voyage à Barri pour y visiter l'Eglise de saint Nicolas. En 1772, il alla à Naples, afin de satisfaire sa dévotion envers le glorieux saint Janvier, Patron de cette Métropole. Après être revenu à Rome, il prit encore le chemin de Lorette. De-là il passa par Cossignano, dans le diocèse de Ripa-Transone, où s'étant arrêté quelques jours , il répandit la bonne odeur de ſes vertus. Enſuite il dirigea ſa marche par la Toſcane , pour aller faire ſa priere dans l'Egliſe de S. François ſur les montagnes d'Alvernia. Il revint à Rome ; mais ce ne fût pas pour long-temps. Sa dévotion pour les pélerinages le conduiſit alors à travers les Alpes , juſqu'à l'Abbaye d'Einſidlen en Suiſſe , où eſt , dit-on , une ſtatue miraculeuſe de la ſainte Vierge , ſemblable à celle de Lorette. Ce fût au commencement de 1775 qu'il fit pour la premiere fois ce grand voyage.

· Delà , il tourna ſes pas du côté de la France ; mais à peine étoit-il ſur la frontiere que Dieu lui inſpira de rétrograder vers Einſidlen ; d'où il repartit vers le premier Juillet de la même année 1775, pour revenir à Rome. Le motif de ce retour étoit de gagner le Jubilé univerſel qui eut lieu cette année-là. Il y arriva en effet au commencement de Septembre , & n'en ſortit point que le Jubilé ne fût terminé. A cette époque il partit de nouveau pour Lorette , & delà continuant ſes ſaintes courſes, il retourna pour la troſieme fois en Suiſſe , viſiter l'Egliſe d'Einſidlen ; ce qui dura juſqu'au 9 Juil-

let 1776. Alors il prit enfin la résolution
de revenir en cette illustre ville de Rome,
où il fixa sa demeure, pour s'y sanctifier
de plus en plus, se contentant d'aller une
fois toutes les années à Lorette : ensorte
qu'il a fait en tout onze pélerinages à
cette sainte Chapelle, comme on le voit
par les passeports & autres papiers dont
il avoit soin de se munir à l'exemple des
autres pélerins.

Quelques faits relatifs à ses pélerinages manifestent de plus en plus quel étoit
son esprit d'humilité, de pauvreté évangélique, de détachement des choses de la
terre, de pénitence, de charité envers
le prochain, d'obéissance, de modestie
& d'assiduité à la priere. François Zec-
caretti, personnage très-connu dans notre
ville lui ayant offert de l'argent pour faire
son voyage de Lorette, le Serviteur de
Dieu se contenta de prendre une piece
de dix sols ; & comme cet honnête homme vouloit aussi lui donner une paire de
souliers, Benoît les refusa constamment,
quoiqu'ils eussent déja servi, craignant
de lui être à charge. Son bienfaiteur lui
en montra trois autres paires qui lui res-
toient encore. Benoît choisit les plus usés.
Comme il portoit un chapeau de paille

tout déchiré & décousu, le même homme eut toutes les peines du monde à lui en faire accepter un autre un peu meilleur, quoiqu'assez vieux.

La premiere fois que Labre alla visiter la Sainte Eglise de Lorette, il ne paroît pas que personne l'ait distingué, au milieu d'une foule de Pélerins. Mais lorsqu'il y retourna les années suivantes, M. Valeri, qui desservoit la sacristie ne fut pas long-temps à remarquer son maintien grave & sa longue persévérance dans la priere. Il observa qu'après avoir passé toute la journée dans l'Eglise, jusqu'à ce qu'on fermât les portes à l'entrée de la nuit, au lieu de se retirer dans quelque maison, comme les autres, il y passoit la nuit sous le toit de la même Basilique, où on le trouvoit le matin suivant, quand on en ouvroit les portes au point du jour. M. Valeri touché de compassion, lui offrit de lui procurer un logement dans une étable, ou dans une grange de la campagne, pour le mettre un peu à couvert des injures du temps. Benoît accepta ce bienfait avec reconnoissance; mais à deux conditions. La premiere, qu'il n'y auroit point de femmes, & l'autre, qu'il pourroit y être tout seul. On le conduifit donc le foir dans un hameau ; mais l'étable qu'on lui avoit deftinée étoit fur un chemin où il paffoit beaucoup de monde , & le four , où il auroit pu coucher , comme font fouvent les pauvres en Italie , fe trouvant trop bas pour s'y tenir à genoux , tous ces inconvéniens lui firent chercher un autre afyle dans un hameau peu éloigné du célebre Crucifix de Sirolo : & le peu de nuits que l'homme de Dieu paffa dans cette humble retraite lui donnerent le moyen d'aller épancher fon cœur dans un Sanctuaire fi révéré.

M. Verdelli , Clerc de Chapelle , & chargé de l'entretien des lampes à Lorette , attefte de même qu'il étoit pénétré d'admiration , quand il voyoit la contenance refpectueufe de ce Pélerin , fa conftance dans la priere , & l'efpece d'anéantiffement où il étoit devant le Seigneur. M. Valeri lui rend le même témoignage , ajoutant de plus , qu'à l'heure des repas lorfque tout le monde fortoit de l'Eglife , Benoît oubliant les befoins de fon corps , au lieu d'aller comme les autres prendre quelque nourriture pour fe foutenir , fe cachoit dans un coin de la Bafilique où il croyoit n'être point

apperçu. Là , on le voyoit avec un visage
rouge & enflammé , se frapper la poi-
trine & par d'autres actions extérieures donner l'essor aux pieux mouvemens de son a-
mour envers le saint Sacrement , & la bien-
heureuse Vierge. Le même Ecclésiastique
s'étant apperçu de l'extrême attention que
le Serviteur de Dieu mettoit à cacher
tout ce qui pouvoit donner bonne opinion de lui , alloit s'enfermer dans un con-
fessionnal , pour contempler à son aise à
travers les barreaux , les actes multipliés de
sa fervente dévotion. A l'heure de Vêpres ,
comme tout le monde revenoit à l'Eglise ,
Labre se remettoit à sa premiere place. M.
Valeri assure encore , que pendant le séjour que faisoit à Lorette ce saint Pélerin ,
non-seulement il ne demandoit point l'aumône , mais qu'il refusoit même ce qu'on lui
offroit libéralement , s'il excédoit ses be-
soins. Un jour ce respectable Chapelain
voulut lui donner quelques sols pour acheter
un peu de vin dans sa route. Benoît le remercia très-poliment , & lui dit qu'il ne sauroit
entrer sans horreur dans un cabaret ,
parce qu'on ne cesse d'y entendre offenser
Dieu ; & que c'étoit pour la même raison qu'il tâchoit de s'éloigner toujours
des grands chemins. Enfin , Messieurs

Verdelli & Valeri, ayant conçu la plus haute eſtime pour les vertus de cet homme extraordinaire, formèrent le deſſein de lui chercher dans la ville, un logement où il pût paſſer la nuit, afin de lui épargner la fatigue d'aller tous les ſoirs à la grange fort éloignée où il avoit coutume de coucher, & de revenir enſuite tous les matins à l'Egliſe. Ils auroient voulu le loger dans leurs propres maiſons ; mais diverſes circonſtances ne le leur ayant point permis, après beaucoup de recherches, ils parvinrent enfin à lui trouver un gîte chez le ſieur Sori, Marchand & Aubergiſte de Lorette. Benoît-Joſeph l'ayant accepté avec reconnoiſſance, on lui prépara une chambre avec un lit ; mais il la trouva trop belle & trop ſomptueuſe pour un pauvre. On lui en offrit une autre taillée dans le roc au-deſſous de la rue. Il trouva celle-ci très-aſſortie à ſon état. Je ſuis pauvre, diſoit-il ; tout ce qu'il me faut, c'eſt ſimplement un lieu à couvert, avec un petit coin de terre, pour y prendre un repos néceſſaire. Il y logea durant 22 jours.

Etant retourné à Lorette en 1781, ſelon ſa coutume, après les Fêtes de Pâques, on l'invita à ſe retirer dans la même chambre souterraine pendant son séjour en cette ville. Il profita de cette offre, & y logea pendant seize jours, & l'année suivante encore huit ; passant le jour dans la sainte Maison, comme il a été dit, tout absorbé dans le Seigneur, & ne rentrant chez lui qu'à la nuit, lorsqu'on fermoit les portes de l'Eglise. Sori lui offrit quelquefois des mets de sa table ; mais il le remercia constamment. Un pauvre, disoit-il, ne doit point se nourrir de viandes destinées aux riches ou aux personnes aisées, mais de leurs restes. Aussi quand on lui donnoit un pain tout entier, il n'y touchoit point ; ne se croyant digne de manger que des morceaux. C'étoit le même scrupule pour tous les autres comestibles ; il demandoit toujours des restes. Cette année 1782 fut remarquable par une révélation singuliere sur son sujet. Un enfant de cinq ans, nommé Joseph, fils de l'aubergiste Sori, ne cessa de répéter, le jour du Jeudi-Saint 17 Avril, que le Pélerin Benoît ne viendroit point à Lorette selon sa coutume, parce qu'il étoit allé en paradis ; ce qui se trouva véritable ; car il étoit mort la nuit du 16.

A propos de ces pélerinages de Lorette, il arriva un jour que l'Abbé Mancini, dont nous avons parlé ci-devant, lui remit une lettre, afin qu’il la portât à Monte-Lupone, à une Religieufe de grande piété, & lui recommanda de lui rapporter la réponfe. Le Serviteur de Dieu fit exactement la premiere partie de fa commiffion ; c’eft-à-dire, qu’il rendit fidellement la lettre ; mais il ne s’acquitta point de la feconde. Comme M. Mancini lui en demandoit la raifon avec un air de mauvaife humeur, c’eft, dit le pélerin, que je me fuis apperçu que ces Religieufes faifoient de moi plus de cas que je ne mérite. Voilà pourquoi je fuis revenu fur le champ, fans apporter la réponfe à votre lettre.

Après qu’il eut fixé, je ne dis point fon domicile, puifqu’il n’eut jamais ni maifon ni toit, mais fon féjour dans cette grande & illuftre ville (de Rome) les premieres années il alloit fe mettre à couvert à Monte-Cavallo, dans une efpece d’antre, fous un efcalier, proche du corps de garde. Enfuite il alla fe loger dans un autre miférable réduit, au Colifée, ou Amphithéâtre de Flavius. Tout fon ameublement confiftoit en un petit panier, où il tenoit fon Bréviaire, & quelques autres livres de dévotion ; ce qui lui fit contracter une maladie très-grave , dont il ne feroit jamais guéri fans les foins charitables de M. Mancini. Lorfqu'il fut bien rétabli, ce digne Eccléfiaftique l'admit dans fon *Hofpice Evangélique*, où il lui donna le logement durant les trois dernieres années de fa vie : & comme fon linge étoit extrêmement fale , M. Mancini lui fit préfent d'une chemife ; mais il eut toutes les peines du monde à la lui faire accepter. Le refpectable pauvre n'avoit point de peine à fe rendre, tous les foirs, à l'Hofpice dont on vient de parler , comme en beaucoup d'autres, parce qu'on leur défend les brouilleries , les querelles, les paroles fales & déshonnêtes, fous peine d'être expulfés fur le champ ; car il étoit fi délicat fur cette matiere , & d'une confcience tellement timorée, que lorfqu'il paffa par Coffignano , comme nous l'avons dit ci-devant, il vouloit fortir de l'hôpital où on l'avoit reçu , pour ne point entendre les horreurs & les blafphêmes que proféroient deux vagabonds qu'on avoit logés à côté de lui. Pour l'empêcher de partir , il fallut ménacer les blafphémateurs d'une rigoureufe punition , s'ils ne s'abftenoient d'outrager la majefté de Dieu , & de plus donner au saint Pélerin une chambre deftinée aux Prêtres qui paffent par le même lieu. Ceci eft attefté par un très-digne Eccléfiaftique de ce pays-là, nommé M. Santucci, domicilié à Rome. C'eft auffi pour cette raifon qu'il s'éloignoit le plus qu'il pouvoit des auberges; à caufe des difcours impudiques & blafphématoires qu'on eft trop fouvent expofé à y entendre : & il pouvoit s'en éloigner plus aifément que d'autres, ne buvant point de vin, comme on l'a déja dit.

La vie que le Serviteur de Dieu a menée à Rome, a été une priere continuelle. Il paffoit les jours entiers, une partie, & quelquefois toute la nuit dans les Eglifes, devant le S. Sacrement, fur-tout durant les jours où l'on fait les prieres de quarante heures, fe tenant comme immobile dans quelque coin du Temple, ou fur la baluftrade, pour n'être point diftrait par la foule des allants & venants, & afin d'être plus recueilli ; encore qu'il lui foit arrivé plus d'une fois d'être chaffé avec une forte d'ignominie de la derniere place qu'on vient de nommer. En un mot, on peut dire que les Saints Temples du Seigneur furent fa maifon & les lieux de fa demeure ; de maniere que quand on vouloit le voir, on étoit certain de le trouver dans ces afyles facrés. Il paffoit ordinairement la matinée dans l'Eglife Notre-Dame des Monts. Certains jours il n'y reftoit que peu de temps, pour aller enfuite dans d'autres Eglifes, où le très-faint Sacrement étoit expofé. Après la bénédiction, vers midi, il alloit à la porte de quelque Monaftere, ou ailleurs, pour y recevoir la foupe, avec d'autres pauvres, afin de donner à fon corps la nourriture dont il ue pouvoit fe paffer. Dans ces occafions, il fe tenoit toujours derriere fes compagnons avec modeftie ; de forte que fouvent il ne reftoit rien pour lui. Après le dîner, il retournoit aux Eglifes où étoit expofé le très-faint Sacrement. Il y étoit comme anéanti devant le Seigneur, les yeux tournés partie vers la victime de notre falut, & partie vers la terre avec une inexprimable dévotion ; de maniere qu'il raviffoit le cœur de tous les affiftans.

Il y a un homme illuftre qui rend témoignage à la fainteté du vénérable Labre. C'eft un Perfan nommé George Zitli, dont la dépofition fera examinée dans le procès de canonifation. Ce perfonnage a été Tréforier de Culicam Roi de Perse. Lorsque ce Prince eut le malheur d'être mis à mort par son neveu, M. Zitli s'enfuit à Astracan. Ensuite étant entré, par la divine miséricorde, dans le sein de l'Eglise Catholique, & s'étant dépouillé, pour de bonnes œuvres, des richesses immenses qu'il avoit emportées avec lui, il est entretenu, par pure charité, l'age de 93 ans, au Couvent des Capucins de cette Métropole. C'est lui qui a certifié, qu'ayant rencontré le Bienheureux Labre sur la route de Rome à Lorette, il fut extrêmement édifié lorsqu'il le vit, & profondément pénétré de sa rare modestie, de son maintien grave & sérieux, & de son humilité. Mais ce qui est plus remarquable, M. Zitli, assure qu'un jour il l'observa durant plusieurs heures devant le Saint Sacrement dans l'Eglise des Capucins, où il étoit immobile & sans donner aucun signe de vie, tant il étoit abymé dans l'adoration & la priere; au point que ne sachant s'il n'étoit point mort, il s'approcha pour s'en assurer en le secouant. Sa surprise de le voir en cet état, fut d'autant plus grande, qu'il semble moralement impossible qu'un homme ait pu rester immobile pendant un si longtemps, malgré les piquûres continuelles

& incommodes des petits animaux dont on va parler dans un moment.

On peut dire aussi que ce n'est pas sans une disposition singuliere de la divine providence que nous avons eu le moyen de connoître avec certitude grand nombre de particularités au sujet de Benoît Labre, par les personnes les plus pieuses & les plus assidues à visiter & honorer le S. Sacrement. Car s'étant formé une grande idée de ce pauvre Mendiant, dès les premieres années de son séjour à Rome, elles ont eu les yeux continuellement fixés sur lui, remarquant avec une pieuse curiosité & une sainte édification, toutes ses démarches. Plusieurs même l'ont suivi dans ce dessein, comme ils l'ont attesté après sa mort.

Et à ce propos, je ne puis me dispenser de faire remarquer en passant, un événement singulier, la vérité duquel je ne veux pas néanmoins garantir, parce qu'il demande des preuves incontestables : il faut donc le laisser indécis jusqu'à ce que la publication du procès nous ait manifesté s'il est vrai ou non. On assure à Rome, comme une chose certaine, que notre pauvre Mendiant, pendant tout le temps qu'il a eu sa retraite dans l'hospice évangélique, où il est établi par une loi rigoureuse, que tous ceux qui ne se retirent point à l'heure marquée, & qui y manquent une seule fois, sans la permission du Supérieur, en sont exclus sans rémission, & sans aucune espérance d'y être reçus de nouveau; on assure, dis-je, qu'il ne viola jamais cette discipline, & qu'il s'est retiré tous les soirs sans exception vers l'entrée de la nuit ; c'est-à-dire à l'*Ave-Maria*. D'un autre côté, des témoins oculaires certifient l'avoir vu durant ce temps-là même dans les Eglises bien avant dans la nuit, & même jusqu'au lendemain, prosterné devant le S. Sacrement, sur-tout dans l'Eglise de la Sainte-Trinité des Pélerins ; ce qui ne pouvoit être arrivé que par une multiplication incompréhensible de son corps. Mais je le répéte, ce fait n'a point encore acquis le degré de certitude nécessaire pour qu'on puisse l'assurer.

C'est aussi avec une invariable exactitude qu'il évita toujours les occasions de s'attirer l'estime & le respect du monde. En conséquence, on ne le voyoit jamais dans les lieux où il savoit qu'on pourroit parler de lui avec avantage, comme on peut le prouver par divers faits particuliers. Et ne se contentant pas de cette vertu, s'il trouvoit les occasions de se faire méprifer & fouler aux pieds, il les saisissoit avec plaisir. C'est ce qui arriva plusieurs fois, sur-tout un jour qu'une troupe d'enfans se mit à le pourfuivre en l'appellant infensé. Dans une autre circonstance, il reçut un soufflet, & une autre fois on le jetta par terre. Un jour, comme il alloit chercher sa soupe au vénérable Monastere de S. Dominique & de S. Sixte, un enfant pour se jouer, le suivit en le tirant çà & là par son cordon. Mais l'inimitable pauvre souffroit toutes ces avanies avec une merveilleuse tranquillité d'esprit & la joie peinte sur le visage.

Comme il passoit un jour devant l'hôtel Colonne, où quelques enfans jouoient au palet, l'un d'eux le frappe d'un coup de pierre à la jambe gauche vers l'os du pied. Labre ne portoit point de bas ; ainsi ses pieds étoient tout nuds dans ses souliers. Le coup fut si violent qu'il fit jaillir une grande quantité de sang. Néanmoins le Serviteur de Dieu ne fit connoître sa douleur par aucun signe ; il ne changea pas même de contenance.

Et ce qu'il y a de plus extraordinaire, c'eſt qu'il ne ſe tourna point pour découvrir celui qui l'avoit frappé, continuant ſon chemin avec la même paix & la même tranquillité.

Un autre jour qu'il traverſoit le Coliſée, ayant trouvé quelques enfans qui s'amuſoient à folâtrer, il s'approche d'eux, & ſon zele s'étant animé, il voulut les reprendre, mais doucement. Alors les petits poliſſons ſe mirent en colere, prirent des pierres, & commencerent à les faire voler vers leur charitable moniteur. Un homme qui étoit témoin de cette violence, accourut au ſecours de Labre. Non, dit le reſpectable Mendiant, laiſſez-les faire. Si vous ſaviez quel je ſuis, vous vous éleveriez contre moi avec encore plus de fureur que ces enfans.

Ce fut avec cette patience inaltérable qu'il ſupporta un affront ſanglant de la part d'un de ſes bienfaiteurs. Cet homme lui avoit donné un ſol. Mais s'étant apperçu que le Serviteur de Dieu l'avoit gliſſé dans la main d'un autre pauvre, comme il ignoroit que c'étoit ſa coutume, il prit cette action en mauvaiſe part, & s'imagina que Labre mépriſoit une fi petite aumône. Il s'avança donc vers lui, & le maltraita beaucoup. Après la mort du pauvre, il fe reffouvint de l'injure atroce qu'il lui avoit faite. Pénétré du plus vif repentir, il courut à l'Eglife Notre-Dame des Monts, pour lui demander pardon, & en figne de fa vive douleur, il laiffa dans le temple le coupable inftrument avec lequel il l'avoit frappé.

Pour abréger l'hiftoire de fa vie, je ne parlerai point de quantité d'autres infultes & mauvais traitemens qui furent faits au Serviteur de Dieu. Je m'abftiens auffi, pour la même raifon, de raconter en détail beaucoup d'autres actions de vertu, me contentant d'en dire un mot en général, pour montrer combien Dieu l'avoit fanctifié dans un degré héroïque. C'étoit un refpect profond & fincere pour notre fainte Religion, une vénération finguliere pour le Souverain Pontife & pour les autres Supérieurs Eccléfiaftiques, avec une déteftation marquée pour les hérétiques : une telle pureté & intégrité de mœurs, que nous avons toutes fortes de fondemens de croire qu'il avoit confervé fon innocence baptifmale : une exactitude ponctuelle & fcrupuleufe à obferver non-feulement les preceptes , mais les confeils évangéliques , avec une attention rigoureufe de ne fournir occafion à qui que ce foit de tomber dans aucune faute ; jufques-là qu'une perfonne lui ayant offert un vêtement vieux & ufé pour fe couvrir , il pria fon bienfaiteur de ne le lui point donner en préfence des autres pauvres , crainte de leur caufer de la jaloufie.

C'étoit une continuelle union avec Dieu , ne perdant jamais de vue fa fainte préfence , même dans les rues , où il gardoit un filence abfolu , fuyant la compagnie des autres pauvres. C'étoit une piété des plus tendres pour la paffion de notre divin Rédempteur , très-fréquent objet de fes méditations : une affectueufe & filiale dévotion envers la fainte Vierge , qu'on voyoit briller fur fon vifage lorfqu'il faifoit fa priere devant fes Images : une attention & une induftrie extrême à empêcher , autant qu'il étoit en lui , que fon prochain n'offensât Dieu , & à le faire avancer dans la vertu , nonfeulement par fes bons exemples , mais encore par une prudente correction fraternelle , quand fon état & fa fituation le lui permettoient : une charité ardente

pour le même prochain, même par rap-
port au temporel, au point qu'il diftri-
buoit quelquefois à fes femblables, la
foupe qu'il avoit reçue pour fe fuftenter
lui-même : une pureté angélique, pour
la confervation de laquelle, comme on
a dit plus haut, il a toujours évité, dès
fon enfance, la converfation des perfonnes du fexe, fur lefquelles il ne jet-
toit jamais les yeux : une foumiffion &
obéiffance fcrupuleufe pour fes Directeurs, fuivant aveuglément en tout &
pour tout leurs falutaires confeils : c'é-
toient des exemples fignalés d'humilité,
d'abftinence, de mortification, ne pre-
nant quelquefois pour fa nourriture que
des trognons de brocoli, des écorces
de limon, des feuilles de laitue & de
chou qu'il trouvoit dans les rues : il lui
eft même arrivé de fe nourrir d'un refte
de foupe gâtée qu'on avoit jettée dans
un fumier, ne croyant pas être apperçu. Enfin il mefuroit toujours la nourriture groffiere qu'il prenoit, non fur
la délicateffe, mais fur la néceffité de
conferver fa vie : tout ceci, comme on
efpere, fe trouvera pleinement juftifié
par les pieces juridiques qui ferviront
au procès de fa canonifation.

Et pour se former une idée de sa pauvreté, il suffit de jetter un coup d'œil sur son écuelle, ou tasse de bois, monument éternel de son dénuement, où il recevoit la soupe aux portes des maisons, & que M. Marconi, son dernier Confesseur, a obtenue comme une grace après la mort de son saint Pénitent.

Elle est rompue & écornée d'un côté, de maniere qu'on ne pouvoit point la remplir ; & comme elle s'étoit fendue par le milieu, il l'avoit fait rejoindre en trois endroits avec du fil de fer. Elle ne pouvoit donc tenir ni vin, ni eau, ni bouillon, & néanmoins il conserva l'usage invariable de ne demander l'aumône à qui que ce soit ; & quand on lui offroit quelque chose sans qu'il demandât, il le refusoit s'il n'en avoit pas besoin, ou le donnoit à d'autres pauvres. Il étoit si attaché à cet usage, qu'on eut besoin de la permission de son Confesseur, pour l'engager à se réserver une petite somme d'argent pour acheter un Bréviaire ; car il étoit dans la sainte habitude de réciter l'office divin. Quoi encore ! Il suffisoit de le regarder pour être assuré que c'étoit un modele accompli, & un tableau parfait de la pauvreté. Ses cheveux négligés, fa barbe à la Nazaréenne, fon vifage pâle, fes vêtemens déchirés, fon corps livide, avec un chapelet au cou & une ceinture autour de fes reins, ordinairement fans bas, fes fouliers en pantoufle, une chemife fale & dégoûtante; & pour en donner une idée complette, ajoutons qu'il étoit fi couvert de vermine, que dans les Eglifes plus d'une perfonne s'éloignoit de lui, pour n'en être point infecté.

Mais ici, au lieu d'admirer les rares vertus de notre pauvre Mendiant, il y aura des gens qui oferont cenfurer fa conduite. On dira peut-être que la fainteté doit être accompagnée de l'arrangement & de la propreté tant extérieure qu'intérieure; qu'on ne doit donc point approuver l'extrême faleté de Jofeph-Benoît, & fa négligence à fe tenir différemment, comme il auroit pu le faire avec le fecours de fes bienfaiteurs. On ajoutera de plus, qu'un coftume auffi dégoûtant, ne peut que rendre odieufe la dévotion & la fainteté même; & on citera l'exemple de quantité de Saints qui ont eu la propreté en partage. Tout cela eft vrai; mais il ne l'eft pas moins que

grand nombre d'autres personnes illuſ-
tres en ſainteté, ont agi différemment.
C'eſt une attention très-louable ſans doute,
que de ſe tenir propre & décent, ſur-
tout quand on eſt obligé par état, d'entretenir quelque commerce avec ſon prochain, ou de cultiver la vigne du Seigneur. Auſſi nous voyons un S. Je-
rome (1), un S. Bernard (2), un S.
Ignace de Loyola (3), un S. Philippe
de Neri (4), qui faiſoient grand cas
de la propreté.

Mais d'autre part, on peut citer
l'exemple de S. Hilarion, qui ne lava,
ni ne quitta jamais le ſac de toile dont
il étoit couvert dès le commencement de
ſa vie pénitente, perſuadé que c'eſt une
choſe ſuperflue que de rechercher la
propreté dans un cilice. Et Odeart rapporte de S. Thomas de Cantorbéry,
qu'on lui trouva une telle quantité de
vermine ſur le corps, qu'il dut en ſouffrir
un plus inſupportable martyre que celui

____

(1) Les habits ne doivent jamais être ſales, & ne
peuvent être trop propres. Epît. 22 à Euſtoquie.
(2) Il aima toujours la pauvreté dans les habits ;
& jamais la ſaleté. Geoffroy , dans la vie de S.
Bernard.
(3) Maffée, dans la vie de S. Ignace, liv. 3 , c. 2.
(4) Baccius, dans ſa vie, liv. 2, c. 14.

qu'il endura pour la défense des immu-
nités éccléſiaſtiques (5). On voit la
même choſe à proportion dans le Saint
Homme Job, dans l'Apôtre S. Jacques,
dans S. Simeon Stylite (6).

(7) On raconte la même choſe d'autres
ſaints Perſonnages, qu'on paſſe ici ſous
ſilence, parce qu'ils ſont aſſez connus.
Pour juger donc ſainement d'exemples ſi
oppoſés, il faut conſidérer les circonſtances particulieres qui les précedent, qui
les accompagnent, & qui les ſuivent,
comme l'enſeigne le ſavant Cardinal Bona (8). Quand la mal-propreté n'a pas
pour objet de s'acquérir la vaine réputation d'homme mortifié & vertueux,
comme il eſt certain que Benoît-Joſeph
n'a pas eu ce motif, parce qu'il étoit

---

(5) On trouva après ſon martyre, ſon cilice couvert d'une ſi grande quantité de vermine, que ce
qu'il avoit eu à ſouffrir de ces animaux, paroît plus
inſupportable que le genre de mort qu'il endura.

(6) Voyez Bollandus, dans la vie de ce dernier
Saint, au 5 Janvier. c. 3, n. 14.

(7) *Jacq. Pomelius, num.* 75.

(8) *C. Bona, du diſcernement des eſprits, ch.* 7,
num. 5. « S. Hilarion ne demandoit pas la propreté
» dans le cilice, que déſiroit, & recommandoit S.
» Bernard. Pour porter donc un jugement équita-
» ble ſur cette matiere, il faut examiner par quel
» eſprit chacun agit; ſur quel principe il ſe fonde;
» quel eſt le motif qu'il ſe propoſe dans ſes paro-
» les & dans ſes actions ».

très-

très-humble, & qu'il avoit en horreur
l'eſtime de lui-même ; mais lorſqu'elle a
pour unique fin de ſe vaincre ſoi-même,
de ſurmonter ſa répugnance naturelle &
de mortifier ſon corps ; alors, dit le célébre Cardinal Laurea (2), non-ſeulement
on ne peut condamner cette mal propreté, mais il faut même l'admiter & la
louer. Auſſi l'Egliſe a admiré comme
des actes héroïques, de pareilles vic-
toires remportées ſur ſoi-même par beaucoup de Saints & de Saintes ; celles de
lécher les plaies & des ulceres dégoûtans,
d'en ſuccer & d'avaler le pus ; comme on
le lit entr'autres de S. François Xavier,
de S. Pierre d'Alcantara, de Ste Eli-
ſabeth, Reine de Portugal, de Ste Catherine de Fieſque, de Ste Edwige, de
Ste Roſe de Lima, de Ste Françoiſe
de Chantal, & de la Bienheureuſe Hya-
cinthe Mareſcotti.

Dans le cas particulier dont il s'agit,
ne peut-on pas dire que Benoît a uſé
d'une plus grande rigueur envers lui-
même que la plupart des Saints dont on
vient de parler? Quand il ſe ſeroit borné à
faire uſage d'un rude cilice avec la permiſ-

____

(2) *C. Laurea*, in 3 *Sent, Tom, 2, diſput.* 31, *art.*
10 : *num.* 510.

C

sion de ses Directeurs, son mérite eût été assurément fort grand par l'exercice de la pénitence ; mais s'étant revêtu nuit & jour de cette espece de cilice vivant, & animé, par la multitude des insectes dont il étoit couvert, il en a souffert une bien plus grande pénitence par le tourment continuel de leurs piquûres ; en même temps qu'il pratiquoit l'humilité la plus profonde. Car, quoiqu'il eût une naissance & une éducation honnête, il ne rougit point de paroître le plus malpropre parmi la troupe des mendians les plus vils, & de s'exposer au mépris & à l'horreur de tout le monde.

Enfin, quoique les oreilles délicates puissent en être offensées, & quelques mépris qu'on témoigne pour ces sortes de Pénitences, nous devons nous persuader que la mesure dont on se sert dans le Ciel, pour sonder le fond du cœur, & les balances sur lesquelles on y pese la vertu sont très-différentes de celles du monde. Tel fut donc l'esprit de mortification, telles furent les vertus pratiquées par Joseph-Benoît, entre lesquelles nous ne devons point omettre les fréquentes visites qu'il faisoit à l'Eglise de sainte Marie Majeure, pour y honorer

non-seulement l'image de la sainte Vierge, qui est si célebre ; mais encore la
sainte Crêche qu'on y conserve ; ainsi que
les visites à la sainte Echelle & à la
sainte Colonne, qui existe dans l'ancien-
ne Eglise de sainte Praxede.

Par cette méthode, notre Mendiant
s'avançant de vertu en vertu, prit la résolution vers le mois de Juin de l'année
1782, de s'adresser à M. Joseph Marconi, dans l'Eglise de S. Ignace, le
priant de vouloir bien entendre sa confession générale. M. Marconi fut infiniment surpris des sentimens de piété,
& de l'exactitude avec lesquels le bienheureux lui dévoila toute son ame, de la
lumiere avec laquelle il lui rendoit compte
de tous ses devoirs, relativement à la
Loi divine & aux Loix humaines, & de
la connoissance qu'il montra de toutes
les vertus, en les mettant chacune dans
leur ordre, & les montrant dans leur
perfection ; il lui fit un détail exact
de toute sa vie, depuis qu'il avoit l'usage
de raison. Le Confesseur comprit par-
là toute la pureté de la conscience
de Labre & l'élévation de son esprit ;
ainsi, malgré ses grandes occupations,
& la répugnance naturelle qu'on a de trai-

ter avec une perſonne ſi mal-propre, il
ne fit pas difficulté de le prendre ſous ſa
conduite, & de lui donner tous les ſecours que les circonſtances lui permettoient de lui offrir.

Benoît continuant à rendre un compte
ſi exact de ſon ame à M. Marconi, celui-ci ſe convainquit clairement de la ſin-
guliere perfection, & des rares vertus de
ſon pénitent. Son eſtime s'accrut en s'apper-
cevant que Dieu lui avoit donné la connoiſſance du fond des cœurs ; car M.
Marconi ayant eu une fois la penſée en
lui-même de donner à Benoît un livre
ſpirituel, & une autre fois de lui faire
une aumône, le Serviteur de Dieu lui
manifeſta clairement la connoiſſance qu'il
avoit de ces ſecretes penſées, en lui dé-
clarant humblement qu'il ne deſiroit pas
ces aumônes. Il fut encore plus étonné
de la prédiction qu'il lui fit de ce qui ar-
riveroit à ſa mort, lorſque ſe préſentant
un jour à lui avec toute ſorte de confu-
ſion, de peine & de conſternation, il
lui dépeignit la ſuite & le concours qu'il
y auroit alors autour de ſon cadavre,
& les déſordres qui arriveroient, de maniere qu'il faudroit tranſporter le ſaint
Sacrement hors de l'Egliſe ; ce qu'il di-

foit avec la plus grande peine & la plus vive douleur. On a vu cette prédiction s'accomplir en tous fes points.

Enfin le Vendredi de la femaine de la Paffion de cette année, c'eft-à-dire, cinq jours avant fa mort, il s'adreffa pour la derniere fois à M. Marconi, & lui fit encore fa confeffion, pleine de ferveur. Il lui donna en cette occafion des indices fenfibles de fa mort prochaine, dont celui qui parut le plus frappant, fut de fe montrer plein de tranquillité, de férénité, & fans aucune agitation intérieure. Enfuite, dans la matinée du 16 Avril de cette année 1783, après avoir paffé beaucoup de temps dans l'Eglife Notre-Dame des Monts qui lui étoit fi chere, fe fentant furpris d'un étourdiffement, caufé par fon extrême foibleffe, il fut forcé d'en fortir, & de fe tenir appuyé fur l'efcalier de cette Eglife (1).

____

(1) L'Eglife Notre-Dame des Monts n'eft ainfi appellée que du nom du quartier de Rome où elle eft fituée, & parce qu'elle eft établie entre le mont Viminal & le mont Efquilin. On y honore une image de la Sainte Vierge peinte fur la muraille, qui depuis l'an 1579, a été illuftrée par tant de faveurs obtenues & de miracles, qu'on y a bâti une Eglife des aumônes des Fideles, que ces circonftances attiroient. Grégoire XIII la donna à la compagnie des

A la vue de l'état touchant de Benoît, les voisins l'exhorterent à se faire transporter dans leurs maisons, & il les en remercia honnêtement. Il en fit de même à M. l'Abbé Mancini, qui, passant comme par hasard, & le voyant presque expirant, lui offrit son hospice pour retraite. Enfin un autre de ses bienfaiteurs, François Zeccarelli, étant accouru, il accepta son offre, & on le transporta dans sa maison. Comme on vit qu'il avançoit à grands pas vers la mort, on appella d'abord le R. P. Dom Blaise Piccillo, Religieux en titre de Notre-Dame des Monts; & ensuite vinrent aussi quelques Religieux de la Congrégation de la Pénitence de Jésus de Nazareth, qui l'assisterent successivement. Ayant enfin appellé le Curé de S. Sauveur des Monts,

---

Catéchumenes; on y a joint depuis le Collége des Néophytes, conduit par des Prêtres séculiers. Clément XI la confia ensuite aux Peres des Œuvres pies, qui sont chargés par la Bulle de ce Pape du soin des esclaves. Le fondateur de cette Congrégation est le vénérable Pere Charles Caraffe, des Princes de Naples, dont la canonisation est commencée dans la Congrégation des Rits. Son institut a pour objet de se livrer, à ses frais, à la sanctification des peuples dans les Missions; & l'intention en est remplie par ces pieux Religieux au grand profit & avantage de ceux qui se rendent en cette Eglise, qui est occupée de continuelles fonctions.

& par empêchement de sa part, le Vicaire de cette Paroisse, celui-ci vint plusieurs fois, & à différentes heures, voir le moribond; & il le trouva toujours hors d'état de recevoir le saint Viatique, non-seulement parce qu'il étoit sans connoissance; mais aussi parce qu'il ne pouvoit avaler. Il ne jugea donc point le lui devoir administrer; & il se restreignit à lui donner le sacrement d'Extrême-Onction. Après l'avoir reçu, Benoît, âgé de 35 ans, finit, & passa sans aucune agitation à l'autre vie, sur les neuf heures du soir du 16 Avril, qui se trouvoit être le jour du Mercredi-Saint.

A peine cette heureuse ame se trouva délivrée des liens de son corps, que Dieu, qui ne veut pas toujours que les mérites de ses Saints restent cachés, commença à révéler le bonheur de ce bon pauvre par la bouche des enfans & des simples, comme on le rapporte de saint Philippe Benizi & du B. Marcolin de Forli, Dominicain, sur lesquels les enfans s'écrierent aussi-tôt, le Saint est mort. De même on vit tout - à - coup accourir les habitans, non-seulement de ce quartier, mais de toute cette grande ville. Son corps fut transporté le lendemain en l'Eglife Notre - Dame des Monts ; & là il s'amaffa une fi grande multitude de perfonnes de tout fexe, fociété, état & condition, que les Religieux de cette Eglife ne fuffirent pas pour y mettre de l'ordre. On fut obligé d'appeller des foldats pour retenir & régler la foule immenfe de ceux qui, à l'envi, vouloient approcher ce corps & prendre de fes reliques. On ne put point l'enfevelir ce jour-là, & fur la permiffion de Mgr. le Cardinal Marc-Antoine Colonne, Vicaire du S. Pere on l'a gardé quatre jours entiers fans l'enfevelir. Cependant fon corps demeuroit flexible & maniable fans aucune mauvaife odeur, ni marque de corruption. Il eft à remarquer qu'en le dépouillant on lui trouva aux genoux deux tumeurs dures & élaftiques, qui venoient de ce qu'il étoit prefque toujours agenouillé, & dont il ne fe plaignit jamais.

On le dépofa enfin en terre le jour de Pâques, quatrieme jour depuis fa mort ; mais on n'enfevelit point avec lui, ni la réputation de fa fainteté, ni la dévotion du peuple. Ce concours s'accroiffant toujours, l'indifcrétion du tranfport alla jufqu'à couper des morceaux d'un confeffional de cette Eglife, où le Serviteur de Dieu s'appuyoit quelquefois, & le baluftre de l'autel où il s'agenouilloit fouvent. Il y en eut qui arracherent le robinet de la fontaine auquel le Serviteur de Dieu défalteroit fouvent fa foif, en venant recevoir de la foupe au cloître des Dominicains de la Minerve.

Outre ce concours continuel au tombeau, il fe fait tant de demandes de toutes parts, même d'endroits les plus éloignés, pour avoir comme reliques quelque parcelle des pauvres habits qui ont touché le corps du défunt, qu'actuellement, à la fin d'Août, on en a diftribué plus de 8000 morceaux. On a envoyé auffi de fes portraits dans toute l'Italie & dans les Royaumes étrangers, & on compte jufqu'aujourd'hui 85 rames de papier employé en gravures de fes images, fans compter une multitude de fes portraits faits fur toile, ou en miniature, ou en broderies, ou en petites ftatues de cire, ou de plâtre ou de craie; compte fait de fes images, on en a tiré plus de 13500; & dans la feule ville de Capoue on en a tiré 30000.

Quand on confidere l'origine d'un culte fi fubit, fon étendue, fa durée, fon fondement, on ne peut s'empêcher de reconnoître l'effet d'une providence particuliere qui a voulu glorifier ce Serviteur de Dieu. 1°. Benoît-Jofeph n'étoit pas attaché à un corps de communauté ou à une fociété de perfonnes qui puffent procurer ce culte par quelque confidération humaine. C'eft par un pur accident qu'il fe trouve dépofé dans l'Eglife Notre-Dame des Monts ; & le Recteur de cette Eglife, loin d'y favorifer le concours, s'eft plutôt employé, tant par lui que par fes Religieux, à le modérer. On auroit pu le fufpecter dans fa patrie d'être procuré tant par fes parens que par fes amis ; mais ici c'eft un cas tout différent, il ne s'agit que d'un étranger méprifé, inconnu, abandonné. 2°. Quant à l'étendue du culte, s'il ne s'y agiffoit que de perfonnes viles & fimples du bas peuple, on pourroit y craindre l'effet de quelque tranfport inconfidéré de fanatifme ; mais s'il s'agit de perfonnes de tout état, de tout rang & condition, de féculiers & de réguliers, de perfonnes éclairées, prudentes, circonfpectes, conftituées même dans les plus hautes dignités eccléfiaftiques , & fupérieures à toute exception, qui ont concouru & concourent à honorer le tombeau de ce pauvre Pélerin. On voit cette dévotion remplir, en un moment, toute l'Italie & les Royaumes étrangers.

3º. Cette vénération , bien-loin de diminuer , va tous les jours en croiffant , & s'étend de maniere qu'il ne fe paffe pas de femaine que quelque Courier n'apporte la demande preffante de fes Images ou Reliques. 4º. C'eft l'effet naturel d'un concours qui n'a pour fondement que les vertus de Benoît-Jofeph , qu'il a cachées durant toute fa vie , & que le Très-Haut veut publier après fa mort pour l'exemple des Fideles.

Tel eft auffi le but de tant de graces , de guérifons & de prodiges obtenus qui arrivent chaque jour. La divine Providence réveille par cette trompete éclatante , la piété des Fideles & leur Religion.

Je ne fuis au refte ici qu'Hiftorien ; je n'ai garde de prévenir le jugement du S. Siege fur les miracles que l'on dit s'obtenir par les mérites du Serviteur de Dieu. Il y auroit de la témérité à un particulier de vouloir établir les limites du

pouvoir de la nature & des forces de l'i-
magination. Je fais qu'on y doit pefer
les circonftances d'un miracle, l'efficace
de fon opération , fon utilité, fa fin, fa
maniere , & quelle eft la perfonne guérie.
La Congrégation des Rits procede, en
toute cette difcuffion avec la plus fouve-
raine rigueur , avant de déclarer un fait
pour miraculeux. Elle veut de preuves
juridiques , des examens, le vœu des perfonnes fçavantes ; beaucoup de délais en
confultations & tenues de Congré-
gations.

Mais ici , outre beaucoup de faveurs
fpirituelles & temporelles de moindre
importance , il faut obferver qu'on rapporte tous les jours des guérifons bien
circonftanciées , non-feulement très-
promptes, mais même, ou moralement
ou phyfiquement fubites de maux répan-
dus fur tous les divers organes affectés
de maladies , & déclarés incurables par
les gens de l'art : des cancers, des gan-
grenes, des fiftules , des fquirres , des
anevrifmes , des varices, des épilepfies ,
des hydropifies , des rachitis , des apo-
plexies , des apofthumes , des ulceres ,
des éthifies, des phthifies , des coliques ,
des fcorbuts , des maux de pierre & de

gravelle , des fciatiques , des aveugle-
mens , des furdités , des luxations , des
guérifons d'offemens rompus , &c.

Il eft à remarquer auffi qu'il s'agit
dans ces guérifons fort fouvent de longues infirmités , de dix , vingt , trente
années , & même de maux de naiffance ;
& que les faits que l'on rapporte ne font
pas feulement de Rome , mais de Naples , de Genes , de Malthe , de Milan ,
de Bergame , de Capoue , de Péroufe ,
de Cefenne , d'Ancone , de Civita Vec-
chia , de Bolenne dans le Comté Venaiffin
en France , & de quantité d'autres lieux ;
tous faits qui parviennent à Rome fans
aucune intrigue ni manege , & qu'il feroit
infini de rapporter. C'eft une chofe propre à fatisfaire l'attente du public fur tous
ces faits , que l'ordre donné par M. le
Card. Vicaire , felon les regles des faints
Canons & du Concile de Trente , d'en
faire une information juridique pour juf-
tifier & éclaircir leur réalité , ou l'infuffi-
fance de leurs preuves. Pour n'y rien né-
gliger , Son Eminence a prefcrit de remplir dans cette information toutes les fo-
lemnités prefcrites par les Papes Urbain VIII & Innocent XI. Il a en con-
féquence délégué pour cet objet M. l'Ar-

chevêque de Néocéfarée *in partibus*, devant lequel font affignés les témoins pour dépofer avec ferment des faits dont ils ont connoiſſance ; ce Prélat, aſſiſté de D. Luc-Antoine Coralli, Promoteur Fiſcal, en préſence de M. Licconi, Notaire; du poſtulateur de la cauſe, & du R. P. Palma, Recteur de l'Eglife Notre-Dame des Monts. Les actes préliminaires de ce procès étant faits dès le mois de Mai dernier, l'examen des témoins a commencé dès le cinq de Juin, & on ne ceſſe d'en pourfuivre les actes avec le plus grand foin. On eſpere que ce qui réſultera de ce procès, comme de ceux qui fe font à Lorette, & à Boulogne-fur-Mer, patrie de Benoît-Joſeph, féra la preuve parfaite & furabondante de fes vertus héroïques durant toute fa vie.

F I N.

Soit imprimé, s'il plaît au Révérend Pere Maître du Sacré Palais.

F. A. MARCUCCI,
Evêque de Montalte, Vice-Gérent.

Soit imprimé, FR. THOMAS MAMACHI, de l'Ordre des Prédicateurs, Maître du Sacré Palais.

www.ingramcontent.com/pod-product-compliance
Lightning Source LLC
Chambersburg PA
CBHW051238030726
47595CB00003B/984